HISTOIRE DU PRINCE APPRIUS,

Extraite des Fastes du Monde, depuis sa Création.

Manuscrit Persan trouvé dans la Bibliotheque de Schah-Hussain, Roi de Perse, déthrôné par Mamouth en 1722.

TRADUCTION FRANÇOISE.

Par Monsieur ESPRIT,
Gentilhomme Provençal,

Servant dans les Troupes de Perse.
Avec la clef.

A LA HAYE,
Chez JAQUES VAN DEN KIEBOOM,

MDCCXLVIII.

AU LECTEUR.

LE Gentilhomme François dont nous tenons ce morceau d'Hiſtoire, en rapporte des choſes ſurprenantes. La Tradition Perſanne, eſt, ſelon lui, que le Prince Apprius *eſt le Pére de toutes les Têtes couronnées du Monde, depuis ſa création; Que le nombre des en-*

ſans que ce Prince a eûs de la Reine Monilne *ſon épouſe, eſt ſi prodigieux, que la multitude de tous les Deſcendans du prémier Homme, juſqu'au dernier qui en naîtra, n'eſt pas plus innombrable. Il ajoûte que les plus ſçavans Perſonnages Turcs, Perſans, Arabes, &c. qui ont travaillé ſur l'Hiſtoire, que nous vous donnons, la regardent comme un Corps de Morale, qui renferme les plus belles Leçons, & les Pré-*

ceptes les plus essentiels pour la conservation de tout le genre humain. Il est triste pour les Amateurs des jolies choses, qu'on n'ait point pû nous communiquer ces beaux Commentaires, non plus que les Cartes géographiques & les Figures dont cet Ouvrage auroit besoin ; mais ce qui doit consoler, c'est qu'on prétend que l'Histoire d'Apprius *a cela de merveilleux, que quiconque la méditera bien, pourra la comprendre fonciérement,*

& y trouvera même souvent sa propre Histoire, pour peu que ce soit homme ou Femme d'un certain rang, & sur tout qui ait été élevé au Collége, au Couvent, ou à la Cour.

HISTOIRE DU PRINCE APPRIUS.

PREMIERE PARTIE.

I l'idée que les hommes ſe ſont de la nobleſſe, n'eſt pas une idée chimérique; s'il eſt vrai qu'elle conſiſte dans une ſuite d'Ancêtres non interrompuë pendant pluſieurs ſiecles, le Prince, dont nous écrivons l'Hiſtoire, remontant de mâle en mâle juſqu'à la création du monde, peut ſe regarder comme l'être le plus noble de la nature. Cependant il ne s'eſt jamais glorifié de ſa naiſſance, parce que ſachant que la vertu n'y eſt point attachée, & qu'on eſt fils de ſes propres œuvres, il a toûjours regardé comme frivole un avantage qui dépend du hazard. En effet, quoique la plûpart de ſes Ayeux ſe ſoient immortaliſés par leurs belles actions, il s'en eſt trouvé qui ont paſſé leur vie dans l'indolence, dans l'oubli d'eux mêmes; il y en a eû d'autres aſſez lâches pour ſe laiſſer enlever leurs prérogatives les plus prétieuſes; mais comme le mérite des uns & l'ignominie des autres n'eſt pas de nôtre ſujet, nous revenons au Prince *Apprius*.

Les prémiers hommes ignorans, ou myſterieux, ont déguiſé preſque toutes choſes, ou, ſous des fables groſſiéres, ou, ſous des emblêmes inintelligibles. Quand on veut pénetrer dans les tems reculés, l'obſcurité arrête à chaque pas; voici après une recherche laborieuſe ce que nous avons pû débroüiller dans un cahos d'idées confuſes & bizarres, dont la critique la plus lumineuſe ne peut diſſiper les tenebres. Nous avons beau faire pour connoître diſtinctement la vérité, nous ne la verrons jamais qu'à travers un voile.

Nous ne nous arrêtons point à déſigner toutes les figures, ſous leſquelles on a dépeint le Prince *Apprius*, n'y à rapporter tous les noms qu'on lui a donnés. Les égaremens de l'eſprit humain ennuyent autant qu'ils amuſent; nous ne rapporterons qu'en paſſant quelques hiéroglyphes qui le caractériſent. Chez un peuple, c'eſt un Dieu; chez un autre, ce n'eſt qu'un homme, mais un homme ſingulier; dans un païs, objet d'un culte public, on lui dreſſe des Autels, on lui bâtit des Temples: ailleurs, on ne l'adore qu'en ſecret; ici c'eſt une flâme dévorante qui conſume le Sacrificateur & la Victime; là c'eſt une roſée vivifiante qui donne l'être & l'accroiſſement à tout; autre part, c'eſt un ſimple pepin de raiſin; parmi les uns, c'eſt le Phénix qui renaît de ſa cendre, le rameau d'or qui ſe reproduit de lui-même; parmi d'autres, c'eſt un objet de riſée, un monſtre ſans forme; cependant le plus honoré & le plus célébré de leurs Dieux. Par tout c'eſt une bouſſole qui régit toutes les actions humaines; c'eſt un aymant qui attire tout à lui. Que ſavons-nous, ce que ce n'eſt pas? Mais c'eſt trop nous livrer aux ſymboles de l'allegorie: Laiſſons le faux brillant de la Fable, & paſſons à la ſimplicité de l'Hiſtoire.

Apprius étoit fils de *Valmor*, & de *Luſicoteria-Celpidutia*. S'il ne parût pas de Phenoménes dans le Ciel à ſa naiſſance, il y eût ſur la terre des marques d'une allegreſſe univerſelle. Tous les Peuples s'empreſſérent à le voir: tous ceux qui eurent ce bonheur, en furent enchantés, & trouvoient même des charmes dans le ſeul plaiſir d'entendre parler de lui. Il eût pour nourrice *Pultovéla*, qui, jeune alors, fraiche, gratieuſe, n'avoit point encore couru ces avantures qui l'ont renduë mépriſable: Elle avoit dans ce temps-là ces attraits, cette finesse, cette douceur que nous ne connoissons qu'en idée : La vigueur de la santé, la force du tempérament dépendant des prémiers alimens.

Apprius nourri d'un lait plein d'esprits subtils, fut robuste presqu'en naissant ; ce fut lui, s'il nous est permis de recourir encore à l'Emblême, qui, sous le nom d'Hercule, étouffa deux Serpens dans son Berceau.

Gatimonnilia, qui prit soin de ses prémiéres années, s'attacha à lui, de sorte qu'elle ne l'abandonna presque jamais. Il trouva dans son amitié ces joyes pures & délicieuses, sans lesquelles les plaisirs ne sont que fadeur ; forcé de revenir à elle, quand ses emportemens l'avoient refroidie, il a avoüé dans tous les tems de sa vie qu'il n'a été heureux que par elle, qu'avec elle. *Valmor* lui avoit donné le Roïaume des *Siders*, Païs vaste, où l'on fait tous les jours de nouvelles découvertes. C'est au milieu des mers qui l'environnent de toutes parts, que ſe trouve l'Iſle flotante de *Talielaré* charmante à la vûë. Les *Siders* font mille tentative pour y arriver, mais rebutés par le peu de ſuccès de leur entrepriſe, ils diſent que c'eſt une chimere; elle ſubſiſte pourtant, mais tel eſt le grand art de l'Enchanteur qui l'a bâtie, qu'on croit la voir, y toucher, qu'on ne la voit & qu'on n'y touche preſque jamais.

Les *Siders* ſont legers, impetueux, volages; ils veulent avec ardeur, ils courent à l'extrême, & vont toûjours au-delà de ce qu'ils ont voulu, ils négligent le preſent, & ne s'occupent que de l'avenir, ils mépriſent ce qu'ils poſſédent, ne s'occupent que de l'avoir, & font leurs délices de ce qu'ils n'ont pas. Leur ambition eſt exceſſive & jamais ſatisfaite: Leurs projets ſont immenſes & rarement heureux. Leur extravagance s'accroît par la contrarieté, ils en font leur gloire, elle eſt ſageſſe pour eux: C'eſt un *Sider* qui fut le prémier Chymiſte. Leur Deviſe eſt: *Sperar ſempre, non gioir mai.*

Le Païs eſt fertile & dans la plus belle ſituation du monde. Les points de vûë en ſont admirables, les édifices y ſont d'une hauteur prodigieuſe; les jardins y ſont coupés de Labyrinthes, ces Labyrinthes ſont ſi étendus, ſi broüillés, qu'on s'y égare preſque toûjours, même avec un guide; les fleurs y ſont belles, mais ſans odeur, les fruits y flattent les yeux, mais le goût y trouve peu ſon compte; le climat eſt chaud, les orages y ſont fréquens, le petit peuple và preſque nud, les Seigneurs ſont habillés d'une étoffe ſinguliére, & qui reſſemble aſſez à des aîles de Papillon rares & bizarrement colorés. La nourriture ordinaire eſt délicieuſe, mais ſi corroſive, qu'elle eſt plus propre à irriter l'appetit qu'à le ſatisfaire; la liqueur qu'on y boit eſt forte, elle étourdit, elle enyvre, & ne deſaltére point.

Apprius ſe ſentit toute ſa vie, des impreſſions qu'il avoit priſes avec de tels Courtiſans. L'inconſtance fut ſa paſſion dominante, plus flatté dans ſes plaiſirs, de la varieté que du choix;

il consulta souvent le caprice aux dépens du goût & de la délicatesse. Il n'en convint jamais, parce que tout ce qui flatte paroît bon; mais nous devons rendre témoignage à la vérité, même aux dépens de notre Heros. Blâmer ses défauts, c'est rendre croïables ses vertus.

A peine eut-il douze ans, que les Courtisans toûjours les yeux ouverts sur leur Prince, toûjours attentifs à suivre, à étudier sa démarche pour en profiter, s'apperçurent qu'il étoit capable de se laisser gouverner par un Favori. Il y eût de tous côtés des brigues secrettes, des sollicitations ouvertes pour cette place importante; le Roi cependant ne se détermi-noit point. Son indécision tenoit tous les esprits en suspens, les biens qu'on attend, agitent presqu'autant que les meaux qu'on souffre; tel étoit l'état de la Cour, lorsqu'on fut tout étonné qu'un matin à son lever, on sçût qu'il avoit choisi le Prince *Danbre*. Ce fut aux Aspirans à se ſoûmettre à la volonté du Maître, & à rechercher les bonnes graces du Favori.

Ce Prince, fils de *Livaguver* & de *Plecuaniſſa*, étoit Souverain de la Province des *Celulois*, nation indépendante des *Siders*, mais leur alliée, & qui de tout temps ſervit de Troupe auxiliaire dans leurs Armées.

Les *Celulois* ſont petits, mais vigoureux, preſque toûjours en colére & en action; l'activité de leur temperament les ride & les vieillit de bonne heure, il y a une union ſi parfaite, une dépendance ſi néceſſaire entr'eux & leur Prince, qu'ils ne peuvent rien ſans lui, & qu'il ne peut rien ſans eux. L'amitié eſt d'un ſi grand uſage chez ce Peuple, qu'il eſt inoüi qu'un *Celulois* ait abandonné ſon ami, la mort ſeule ou la violence peut les ſéparer. Toûjours l'un avec l'autre, ils partagent leurs fatigues & leurs plaiſirs. Cette intelligence fait leur gloire & leur force.

La jalouſie ſuit de près la faveur. On diſoit de lui qu'il n'avoit que le mérite de la nouveauté, que c'étoit un jeune audacieux, qui ne voyoit rien d'impossible, un étourdi qui n'écoutoit que sa folie, que son emportement, qu'il précipiteroit le Roi dans quelques excès nuisibles à sa santé, ou honteux à sa gloire; que *Gatimonnilia* (car c'étoit elle, qui non contente de l'avoir introduit à la Cour, l'avoit fait connoître à *Apprius*) seroit la premiére à se repentir de son ouvrage, qu'il la détruiroit dans l'esprit du Prince pour y regner seul. On se trompa. Il a toûjours vêcu parfaitement bien avec elle, il servit toûjours si bien son maître, qu'il en fut aimé sans interruption jusqu'à la mort, & que sa perte lui coûta des regrets infinis. Touchons quelque chose de son caractére.

Son impétuosité naturelle partoit d'un fond de valeur & de fermeté merveilleuses; intrépide à la vûë du danger, il s'y jettoit, non comme ne le connoissant pas, mais comme le trouvant digne de lui; ennemi du repos, il ne s'y livroit qu'à regret, que pour des momens. Une victoire remportée l'animoit à une nouvelle conquête, il ne s'occupoit que de combats, que de triomphes. De-là, tant d'exploits entrepris avec hardiesse, soûtenus avec courage, executés avec succès. Sa fidélité fut sans murmure, & sans exemple. Les Favoris, presque tous ingrats, cherchent leur élévation dans l'abaissement de ceux qui les ont créez. La gloire de son Prince fut toûjours l'objet de ses desirs, & le terme de son ambition. Il aima le Roi dans *Apprius*, sans vûë, sans dessein, par le seul plaisir de l'aimer. Jamais il ne sépara sa puissance de sa personne; on peut dire enfin que le zéle du Favori pour le service de son maître, alla jusqu'à sa destruction, jusqu'à son anéantissement.

Le Roi avoit pour *Gimnons* deux jeunes *Celulois* de son âge. Le Prince *Danbre* les lui recommanda, en lui faisant connoître tout leur mérite. *Apprius* les goûta, les aima, les combla de graces, leur reconnoisſance égala ſes bontés; ils l'aimérent; ils s'attachérent à lui ſans reſerve, ſans partage; admis à ſes travaux, ils en portérent tout le poids, toute la fatigue; admis a ſes plaiſirs, ils en firent tout le charme, tout l'attrait, toute la vivacité; leur protecteur peu jaloux de leur faveur, ne ſe faiſant point une peine d'avoüer qu'ils l'aidoient à conſerver celle de leur maître.

Danbre joüit quelque tems d'une faveur oiſive; *Apprius*, jeune encore, & ſans diſcernement, s'abandonnoit tout entier à ces jeux frivoles, & ſans reſſource, que l'enfance ſemble perpétuer dans ceux qu'elle eſt forcée de quitter. Peu à peu la diſſipation fit place au recueillement; ſes idées ſe débroüillérent, ſon goût s'épura, les choſes ſuccedérent aux riens, *Danbre* alors entra dans tous ſes droits, le Roi ne pouvoit ſe paſſer de lui, n'étoit heureux qu'avec lui. Cependant il devint réveur, il s'ennuyoit, il ne parloit plus, il ſoupiroit, un mélange confus de langueur & de vivacité, éteignoit & allumoit tour à tour le feu de ses regards. On s'apperçût de son changement, ses Courtisans voulurent le dissiper par des fêtes, elles le rendirent plus mélancolique; les Dames en tirérent un mauvais augure pour elles, leur tems n'étoit pas venu; elles pûrent bientôt se détromper; ce trouble involontaire, cette insensibilité apparente, leur préparoit des conquêtes dont leur vanité eut lieu d'être satisfaite.

Comme on aime le détail, & qu'on veut tout connoître dans les grands hommes, nous allons donner *d'Apprius* la plus juste idée qu'il nous sera possible. Il étoit dans cet âge où la beauté est de tous les séxes, la sienne étoit délicate, mais piquante; flateuse, mais animée; il avoit cet air de douceur & de majesté, que les Dieux impriment dans ceux qu'ils font les objets de leur complaisance & de leur prédilection. Le respect & l'admiration marchoient devant lui, il étoit le charme des yeux & des cœurs, on ne pouvoit lui refuser le tribut d'amour qu'il éxigeoit, cependant il paroissoit volontaire.

Le pinceau le plus vif rendroit mal ses couleurs, l'imagination même en peindroit mieux l'effet que le mélange.

Ses cheveux étoient d'un noir éclatant, rien n'en déguisoit la couleur naturelle, ils frisoient sans art, ils étoient à lui. Alors on ne connoissoit pas, du moins à sa Cour, ce rafinement, ou plûtôt cette bizarrerie de goût, qui fait renoncer aux dons de la nature, pour s'approprier une dépoüille étrangére; ils étoient courts, la molesse n'avoit pas encore introduit ces longues chevelures qui donnent un air effeminé à ceux qui les portent, qui les déparent, qui les rendent aussi ridicules, que le seroient des Liévres affublez de la criniére d'un Lion. Ennemi du faste, son habillement étoit simple, il ne consistoit que dans un manteau de satin gris-blanc, doublé d'un tafetas couleur de rose, ratachè par un petit nœud de ruban couleur de feu, il s'ajustoit de façon, que dans les jours d'action ou de cérémonie, il ne l'empêchoit ni de combattre, ni de faire paroître l'élegance de ſa taille.

Admirablement bien fait, le mouvement libre, démarche aiſée, la contenance haute, même un peu fiére, mais de cette fierté noble qui eſt l'apanage du Souverain, il n'étoit, ni comme ces Géans que leur grandeur éléve juſqu'aux cieux, que leur poids entraine vers la terre, ni comme ces Nains qu'un ſouffle renverſe, qui échapent aux yeux; la nature qui aime l'ordre, qui cherche la proportion dans toutes ſes productions, en avoit fait ſon chef-d'œuvre, il étoit tel qu'on nous dépeint le Dieu Mars.

Il étoit doux, il ſembloit même qu'il abordoit d'un air timide. Ce prémier trouble paſſé, on le trouvoit aimable, careſſant, il étoit vif, entreprenant, ne connoiſſant ni d'obſtacle, ni de difficulté, la reſiſtance l'attiroit, alors il n'étoit plus maître de lui-même, il étinceloit de colére, le feu lui ſortoit de toutes parts, il ne respiroit que le sang & le carnage, il falloit que tout lui cedat ; honteux de son emportement, il se cachoit, il répandoit des larmes ; mais comme on rentre aisément dans son naturel, à la prémiére occasion, la colére succedoit au repentir, avec autant de rapidité que le repentir auroit succédé à la colere.

Au reste, ses vertus effaçoient ses défauts, on peut même dire qu'ils n'en étoient que des suites. Tout ce qui constituë les Heros, il l'avoit éminemment, sur-tout il étoit né si liberal, que le sommeil même ne suspendoit pas la passion qu'il avoit de répandre ses graces. TITUS ne regrettoit que les jours qu'il avoit passez sans en faire. *Apprius* eut regretté les nuits. Un plus long éloge l'offenseroit, la modestie & le mérite marchent de compagnie.

Un jour, seul avec son Favori, rompant tout-à-coup le silence, *Danbre*, lui dit-il, je vous aime, je veux vous ouvrir mon cœur, tout semble me rire, & tout me rit en effet, cheri de mes Sujets, tranquile dans mes

Etats, en paix avec mes voisins, je devrois être heureux, je ne le suis pas. Des mouvemens inconnus m'agitent, vôtre presence (tout cher que vous m'êtes) en redouble la violence, je fremis, je tremble, je frissonne, mon cœur se revolte, il m'échappe, j'ai des désirs, je ne sçais où ils tendent; mon inquiétude se nourrit de tout ce qu'on fait pour la distraire. Un feu répandu dans toutes mes veines me dévore, me consume, le jour est un supplice pour moi, la nuit ne m'est pas favorable, le sommeil me fuit, ou ne suspend mes peines que pour les augmenter; mille images bizarres & chimériques s'offrent à moi, tantôt une troupe folâtre d'Amours m'enchaînent avec des guirlandes de fleurs, me transportent sur leurs aîles dans des lieux enchantés, gazons émaillés, bocages sombres, murmures gracieux d'un ruisseau lentement fugitif; ramage attendrissant de mille & mille Rossignols, dont l'echo répéte les sons flateurs; Palais où brillent l'or &

l'azur, où, rival de la nature, l'art anime ses propres ouvrages, raviſſent mes yeux & mes oreilles. Des objets inconnus, mais charmans, badinent autour de moi, m'appellent, me montrent le bonheur qui eſt dans l'éloignement, j'y vole, tout diſparoît. Tantôt brulant d'une ſoif ardente, je me trouve dans un déſert aride, je ne vois que des monceaux de ſable, que des Roches eſcarpées, un bruit terrible ſe fait entendre; je prête l'oreille, je regarde, c'eſt un Torrent qui ſe précipite d'une Montagne. Je m'y préſente; l'eau ſe perd ſous terre, il n'en réjaillit ſur moi que quelques gouttes qui ne parviennent point juſqu'à ma langue deſſéchée, que te dirai-je? mille autres plaiſanteries ſe montrent & ſe détruiſent, je m'éveille & ne me rendors plus.

Seigneur, lui repondit le Prince, l'état où vous êtes me touche d'autant plus, que ma préſence irrite vos meaux. Si j'en ſuis la cauſe, éxilez-moi, ne me revoyez jamais. Quoiqu'il en coûte à mon amitié, elle me rend capable de vous faire ce ſacrifice. Non, mon cher *Danbre*, interrompit *Apprius*, je ne puis conſentir à vous perdre, je ſuis encore plus à plaindre quand je ſuis éloigné de vous; que vous êtes injuſte! J'ai beſoin de vos conſeils, de vôtre ſecours, & vous voulez m'abandonner. A ces mots il le regarda avec des yeux baignez de larmes & ſe tût. Le Favori reprit ainſi la parole: „Vous êtes „dans un âge, où toutes les paſſions „confonduës dans un cœur cher„chent à ſe développer; le choc „eſt rude, il eſt difficile de le ſoûte„nir. Il en coûte également à cé„der ou à combattre. La Victoire „ou la défaite ſont également dou„loureuſes. Vous me demandez „conſeil, je ne trahirai point vôtre „confiance. Je vais vous propoſer „un reméde violent, mais néceſſaire. „Arrachez-vous à vous-même. Sor„tez de l'inaction où vous êtes. La „gloire vous apelle, ſuivez-la. Vous „n'avez point de guerre où vous

„ puiſſiez faire vos prémiéres armes.
„ Laiſſez en paix vos Voiſins. Allez
„ chercher au loin des dangers dignes
„ de vôtre courage. Vôlez à la dé-
„ couverte de l'Iſle de *Taliélaré*. Le
„ repos & les plaiſirs vous y atten-
„ dent. Mettez fin à cette avan-
„ ture. La gloire vous en eſt reſervée.

A ce diſcours le Roi prend un air plus ſerein. Il ſemble ſortir d'une longue l'éthargie, un feu vif, mais doux brille dans ſes yeux. C'eſt un homme nouveau. Ah ! mon cher, s'écrie-t-il en l'embraſſant, que ne vous dois-je point ? Mon trouble ceſſe, il eſt diſſipé, hâtez-vous de tout préparer pour cette brillante entrepriſe. Je ſens que mon bonheur en dépend. Son idée ſeule me tranſporte, elle m'occupe tout entier.

Danbre và trouver *Gatimonnilia*, lui parle du deſſein du Roi. D'abord elle le déſaprouve, mais vaincuë par ſes raiſons, elle y donne les mains, à condition qu'elle ſera du voyage. On équippe une flotte, on prend des mesures pour entretenir le calme dans le Royaume pendant l'absence d'*Apprius*. Le jour du départ arrive, on s'embarque.

Danbre, *Gatimonnilia* & les deux *Celulois* étoient seuls dans la Chambre du Roi, & s'efforçoient de l'amuser pendant une navigation longue, quoiqu'heureuse. Quelque-fois il entroit dans leurs entretiens, mais le plus souvent emporté par sa réverie, ou, cédant à son impatience, il passoit des journées entiéres à regarder la mer & à soûpirer. Le tems changea, le Ciel se couvrit de nuages, le vent grossit & devint contraire, la tempête se forme, elle éclate, les Pilotes se déconcertent, les Vaisseaux se dispersent, l'orage redouble; on est menacé d'un naufrage prochain: *Apprius* immobile garde un profond silence, les deux *Celulois* imitent leur Maître: *Danbre* & *Gatimonnilia* se querellent, l'équipage jette des cris lamentables, le Vaisseau s'ouvre, les flots l'engloutissent, le Roi soûtenu par ses *Gimnons* qui l'aident à nager, eſt jetté demi mort ſur le ſable. Il revient à lui, demande ſon Favori, ne le trouve point, l'appelle, le cherche de tous côtés & ſe déſeſpére de ſa perte. *Gatimonnilia* le rejoint, elle tâche de le conſoler, ſes ſoins ſont inutiles, ils apperçoivent quelques Pêcheurs occupez à recüeillir les débris du naufrage. Ils leur demandent dans quel Pays ils ſont? Vous êtes, leur repondirent-ils, dans le Pays des *Dotigs. Mina* qui eſt nôtre Reine a ſon Palais à trente lieuës d'ici. Comme les chemins ſont difficiles, & que nous ſommes amis des Etrangers, l'un de nous vous ſervira de guide en cas que vous vouliez aller à la Cour, où nous pouvons vous aſſûrer que vous ſerez bien reçûs. *Apprius* accepta leurs offres & ſe mit en chemin; le ſecond jour il retrouva ſon Favori, ſa vûë lui fit oublier tous ſes malheurs.

Gatimonnilia avoit pris les devants; la Reine inſtruite par elle de la venuë *d'Apprius* vient à ſa rencontre, & le ſerrant tendrement ſe felicita de le poſféder; elle le logea dans fon Palais & le combla de fes carreffes. Le Roi fe fit bientôt aux mœurs des *Dotigs*, & oubliant fon Royaume & tous fes projets, fe livra aux délices du Païs avec d'autant plus d'emportement qu'il n'en avoit jamais goûté de pareils.

Le Royaume des *Dotigs* n'eft pas fort étendu, c'eft une pleine prefque carrée, coupée de riviéres qui fe jettent l'une dans l'autre; il y a quelques petites montagnes aux extrémités, mais confidérables; il eft compofé de cinq peuples différens, dont le principal eft féparé des quatre autres par une vallée affez profonde; ils ont tous leurs talens & leurs ufages particuliers; en général ils font alertes, adroits, officieux & infatigables.

Mina charmée de fon nouvel hôte, inventoit tous les jours quelques plaifirs pour le retenir; fa paffion pour lui devint fi forte qu'elle en abandonna le foin de toutes fes affaires, elle ne pouvoit fe paffer de fa vûë. *Apprius* répondoit à fes empréffemens, & leur union sembloit devoir durer autant que leur vie.

Gatimonnilia allarmée des exercices violens qu'elle lui voioit faire, lui représenta que ses excès pourroient avoir des suites funestes; *Danbre* & les *Celulois* se joignirent à elle; le Roi ne voulut rien écouter, elle lui demanda à se retirer, elle fut la duppe de son dépit, il lui dit froidement, qu'elle étoit la maîtresse de sa destinée, qu'elle pouvoit s'en aller où bon lui sembleroit & la congédia. D'abord il fut charmé de ne la plus voir, mais bientôt après il la regrétta, & se trouva trop heureux de la revoir, quand elle voulut bien revenir. Tels sont les Rois sans expérience.

Un jour *Apprius*, entrainé par l'ardeur de la chasse, s'égara; la nuit le surprit, il apperçût à la faveur d'une foible lumiére, quelques maisons sur une coline, il s'y rendit & tomba entre les mains des *Brularnes*, peuples féroces & imdomptés, bizarrement avides du bien d'autrui, ils ne veulent le prendre que pour le dissiper en pure perte, & ne tirent d'autres avantages de leur fureur, que l'affreux plaisir de se détruire eux-mêmes, en faisant périr ceux dont ils se sont rendus les maîtres par force ou par adresse. Disciples d'un certain *Godinése*, ils apprirent de lui à commettre le crime sans honte & sans remors. Ils n'avoient ni Temples, ni Prêtres, cependant ils se piquoient de Religion & sacrifioient à la terre, le jour, la nuit, le matin & le soir, comme ils y étoient déterminés par leur zêle ou par leur caprice. Sans égard pour la Majesté Roiale, ils traitérent *Apprius* avec une inhumanité de barbares, le mirent en prison, le dépoüillérent, le séparérent de son Favori, & ne lui laissérent que ses deux *Gimnons*, qui épuisés eux-mêmes par les mauvais traitemens qu'ils avoient reçûs, ne pouvoient lui rendre aucun service.

La Reine *Mina* fut touchée de l'état ou étoit *Apprius*, mais n'osant & ne voulant pas se broüiller avec les *Brularnes*, elle se contenta d'employer ses bons offices pour les engager à le traiter plus doucement; ils firent peu de cas de son entremise, ils continuérent à le persécuter, il eut besoin de toute sa vigueur & de toute la force de son tempérament, pour ne point succomber à des épreuves si violentes & si souvent redoublées, qui l'excédoient jusqu'au vomissement, il devint pâle, maigre, décharné, méconnoissable. A tant de meaux se joignit encore une hémorrhagie de sang qui le réduisit à l'extrémité.

Le Prince *Lucanus*, (nous dirons dans la suite qui il étoit,) entreprit de le retirer des mains des *Brularnes*, il employa pour cet effet la Princesse *Cadhubée*, qui se fit aider par *Gatimonnilia*, elles avoient toûjours été ennemies, l'intérêt *d'Apprius* les réünit.

Cadhubée est une personne fort extraordinaire; regardée d'un certain côté, on lui trouve des charmes, cependant elle est réellement laide; elle est de tout Païs, & n'est d'aucun; le lieu de sa naissance est inconnu; bizarre, inconstante, impérieuse, elle

elle và toûjours à l'extrême dans ſes vûës ; elle fait conſiſter les plaiſirs dans le caprice & dans l'excès ; ce n'eſt point en elle le goût qui décide ; c'eſt le temperament : elle ne rafine ſur rien, elle outre toutes choſes, elle paſſe rapidement d'une idée à l'autre, la plus extravagante lui paroît toûjours la plus ſage, elle tire vanité de ſes emportemens ; incapable de réflexion ; rien ne l'arrête, la fureur qui la guide a ſouvent des ſuites facheuſes, il ſemble alors que ſa douleur, que ſes larmes, ſoient un repentir, ce n'eſt qu'un déſeſpoir, qu'une rage que lui cauſe l'impuiſſance où elle ſe trouve de pouvoir ſe ſatisfaire ; ſes favoris, ſont eſclaves ; elle les traite avec hauteur, elle ne leur laiſſe que la liberté d'obéir, elle veut, elle force, elle n'a point d'autre maniére de perſuader.

Cadhubée avoit quelque crédit ſur les *Brularnes*, elle eut permiſſion de voir *Apprius*, & fit ſi bien, qu'ils le remirent entre ſes mains ; elle lui propoſa de venir chez le Prince *Lu-*

canus qui le désiroit, suivant la lettre dont ce Prince l'avoit chargé pour *Apprius*. Elle étoit conçûë en ces termes: „ *Lucanus*, souverain de *Lucanie*, Prince héréditaire de *Modose*, „ *Ghorrome*, *Vergobrie*, &c. au Roi „ *Apprius*, salut;

„ Nous avons appris avec douleur „ & surprise l'état où vous vous trouvez, au milieu de nos plus grands „ ennemis. Les outrages que vous „ font ces Barbares, ont allumé nôtre „ juste indignation; nous leur avons „ fait demander vôtre liberté, nous „ ne croyons pas, qu'ils ayent l'insolence de nous la refuser. Si nous „ nous trompons, vous nous verrez „ bien-tôt à la tête de toutes nos „ forces, mettre tout à feu & à sang „ chez ces miserables, & les détruire „ de fond en comble. L'alliance, qui „ a toujours été entre nos Ancêtres, „ & l'estime que nous avons de vôtre „ personne, nous font esperer, que „ vous honorerez nôtre Cour de vôtre presence, & que vous y viendrez

„ recevoir toutes les marques d'amitié,
„ que vous pouvez attendre d'un frére
„ & d'un allié. *Lucanus.*

Apprius fut ſenſible aux avances de *Lucanus.* Cependant, ſon prémier mouvement fut de refuſer ſes offres, & de retourner dans ſon Royaume; les maniéres de *Cadhubée* lui déplurent, il ſe ſentit de la répugnance à la ſuivre: on lui avoit fait un portrait peu avantageux de *Lucanus* & de ſes Etats, où l'on aſſure, que l'air eſt ſouvent infecté d'exhalaiſons ſulphureuſes & inſupportables, le pays ſouvent défiguré par des innondations incommodes, & des débordemens fort diſgracieux. Il n'avoit point en lui, d'idées qui le flataſſent ſur ce voyage; enfin, ſoit inſtinct ou préjugé, tout l'en détournoit, la jeuneſſe eſt avide de nouveautés, mais elle veut les connoître, ou du moins s'imaginer qu'elle les connoît avant que de s'y livrer. L'envie de s'inſtruire, le plaiſir de n'ignorer de rien l'encourage, la honte de paroître ignorante la retient flottante, incertaine, il faut qu'on la détermine, tel étoit *Apprius*.

Gatimonnilia vainquit son irrésolution, & l'emporta sur le Prince *Danbre*, qui étant à peine revenu de ses derniéres avantures, craignoit d'en entreprendre de nouvelles.

Il ne voulut point partir, sans prendre congé de la Reine *Mina*. La maniére dont elle l'avoit reçû, éxigeoit cette marque de reconnoissance; leur entrevûë fut tendre, leur séparation douloureuse, il y eut des larmes répanduës, ils se dirent un adieu qu'ils crurent éternel; mais ils eurent dans la suite le plaisir de se revoir à la Cour d'une Princesse, dont les avantures étroittement liées avec celles d'*Apprius*, feront un des plus beaux endroits de cette Histoire, dont nous finissons ici la prémiére Partie.

SECONDE PARTIE.

LA *Lucanie* eſt beaucoup plus étenduë que les Etats de la Reine *Mina*; le Païs, quoique ſterile, eſt fort habité. Les Rélations des Voyageurs, (elles ſont très-rares) varient ſur le plus ou le moins de ſéjour qu'ils y ont fait, la plûpart même ſe contrediſent formellement. Voici à peu près ce qu'ils en rapportent.

Cet Etat eſt d'une figure ronde, environné de hautes montagnes, couvertes en tout tems de neiges, qui modérent l'exceſſive chaleur du climat; une plaine aſſez reſſerrée, le coupe par le milieu, il n'y croît que quelques arbuſtes, qui ne produiſent rien, il y régne preſque toûjours un vent impétueux, dont le bruit reſſemble beaucoup à celui du tonnerre, il eſt au reste plus incommode que nuisible.

Les mœurs des Habitans sont très-singuliéres, ils sont partagés en deux Nations, également soûmises à leur Prince, les *Ugobers* & les *Chedabars*.

Les *Ugobers*, sont ennemis du faste & de l'ostentation; leurs habits sont propres, mais simples, leurs maisons modestes, leur nourriture frugale, ils ont l'air sage, le maintien décent, le discours honnête, ils fuïent, ou du moins ils affectent de faire croire qu'ils fuïent l'excès & le désordre. Ils se piquent de science, & même de Philosophie, ils en font leçon & s'efforçent, non en public, mais en particulier, de l'inspirer à leurs Eléves; ils sont mystérieux de leur Morale autant que de leur Culte, un secret inviolable cache l'un & l'autre, aux regards & à la pénétration de tous ceux qui n'y ont point été eux-mêmes initiés; grands zélateurs de leur Religion, ils cherchent avec soin, cultivent avec application les moyens de lui faire des Prosélites, & rigides obſervateurs de leurs maximes, ils en ſoûtiennent les pratiques juſqu'au ſcrupule : ils ſont au reſte ſi doux, ſi humains, que leur douceur eſt paſſée en Proverbe, & qu'on dit communément *un bon Ugober*.

Il n'en eſt pas de même des *Chedabars*, auſſi faut-il dire, qu'ils ſont comme les Eſclaves des *Ugobers*. Ce ſeroient les plus mépriſables, les plus malhonnêtes de tous les hommes, ſi leurs Maîtres n'avoient la bonté d'adoucir leur ſervitude; un orgueil ſtupide les aveugle ſur l'ignominie de leur état; parce qu'ils ſont libres en apparence, ils ne ſentent pas le poids de leurs chaines; leur lâche complaiſance les rend inſenſibles aux dégoûts de l'humiliation; on les flatte, on les careſſe; leur ame mercenaire s'en applaudit; inſenſés, qui ne s'apperçoivent pas, qu'ils ſont le jouët de ceux dont ils s'imaginent faire le bonheur. Ils ſe piquent de beauté, mais cette beauté eſt molle, effeminée & paſſagére. Plongés dans un luxe immodéré ils ne reſpirent que les parures ; que les ajuſtemens, on les reconnoit à la richeſſe de leurs habits, & mieux encore à leur maniére de ſe mettre. Leurs regards ſont composés, leur démarche eſt affectée, ils n'ont rien de naturel, ils ſont les prémiers qui ont laiſſé croître leurs cheveux, qui les ayent friſés & poudrés. Ils ont inventé l'uſage des pâtes, des eſſences & des parfums ; leurs diſcours reſſemblent à leurs mœurs, ils ont un langage à part, plein d'afféterie, ils s'appellent entre eux *Refers*, *Gnotis*, & *Manégides*. Ces noms biſarres ſont leurs noms d'amitié. Ils ont parmi eux un Ordre de Chevalerie, dont on ignore l'origine & les prérogatives : ils tiennent tous à ſi grand honneur de le porter, qu'il n'y a que les miſérables qui ne l'ayent pas, on l'appelle l'Ordre de THALACTEMNE.

L'eſclavage des *Chedabars* finit quelquefois. Il y en a, qui ſe font admettre au rang des *Ugobers*, alors ils oublient la baſſeſſe de leur prémier état, & l'Eſclave prend les ſentimens du Maître.

Lucanus, n'étoit point de ces Princes populaires, qui se communiquent à leurs sujets, qui vivent familiérement avec eux; il étoit de difficile accès, ne se laissant voir qu'à ses favoris & qu'à ses Médecins. Il étoit sujet à des vapeurs, qui le jettoient dans une mélancolie noire, qui l'agitoit cruellement; sa fureur redoubloit, quand les Princesses *Hermodhoriës* venoient lui rendre visite, ce qui arrivoit assez souvent. Ces Princesses, habitent un Païs appellé *Suna*, elles étoient amoureuses de *Lucanus*, mais n'ayant pû lui plaire, elles se vangent de ses mépris par les meaux qu'elles lui font souffrir.

Cependant, il reçût fort bien *Apprius*, il lui procura tous les plaisirs dont sa Cour étoit susceptible. On lui donna deux fameux *Ugobers*, pour l'instruire des Mystéres de la Réligion, il y fut bien-tôt initié, sa pénétration, lui fit dévancer les leçons de ses Maîtres. S'il eût été dans un âge, à être flatté de la réputation de Sage, il eût trouvé son compte dans les éloges qu'on lui donnoit de toutes parts; mais ſoit inconſtance, ſoit dégoût, on s'apperçût bien-tôt, qu'il méditoit de ſe retirer en ſecret, prévoyant, que *Lucanus* s'oppoſeroit à ſon départ, s'il lui en parloit. En effet, l'hypocrite modeſtie des Habitans lui déplaiſoit, il démêla ſans peine, que la vertu n'y étoit qu'extérieure, que la ſageſſe dont ils faiſoient parade, n'étoit qu'un rafinement de plaiſirs, dont la myſtérieuſe régularité, flattoit plus leur imagination que leur cœur. Ajoûtez à cela, que l'air & lès vents du Païs l'incommodoient; que, quoiqu'il eût le plus bel appartement du Palais, comme les *Lucaniens* n'ont pas le goût des bâtimens, il y étoit mal logé, & ſi étroitement, que lui & *Danbre* ſon Favori, ne pouvoient qu'à peine ſe remuër dans la même chambre.

Lucanus fut ſurpris, de l'indifférence qu'*Apprius* marqua pour les plaiſirs de ſa Cour, & de la ſecrette antipatie qu'il découvrit en lui pour ſa perſonne; juſqu'alors, il n'avoit point fait d'infidéles; mais le Roi penſant plus noblement que le reste des hommes, sentit qu'il lui manquoit quelque chose, & sans sçavoir précisément ce que c'étoit, il en désiroit la possession.

Lucanus qui l'examinoit, prévit avec douleur qu'il alloit lui échapper ; pour le retenir, il eût recours à un moyen qu'il crût infaillible, ce fut de le tenter par la gloire, & de lui en promettre une immortelle, s'il vouloit se mettre à la tête de ses troupes, & l'aider de son courage & de ses conseils à vaincre ses ennemis.

Apprius parût ébranlé. Que ne peut point la gloire sur un jeune cœur? Pour ne point laisser refroidir ses heureuses dispositions, il le pria, de trouver bon qu'on l'instruisit de ses vûës, & qu'on tint chez lui le lendemain un grand Conseil. Le Roi ne peut rien refuser. On s'assemble.

Peguiréle, Général de *Lucanus*, brave Officier qui avoit vieilli à la guerre, où il avoit rendu des services signalés à son Maître, prend la parole & dit.

„ Les expreſſions d'un vieux ſoldat „ ſont groſſiéres, il ſonge aux choſes „ plus qu'aux paroles, il ſe pique de „ bien faire & non pas de bien dire; „ ainſi, grand Prince, j'expoſerai ſim- „ plement le ſujet qui nous aſſemble. „ Il s'agit d'une guerre juſte & né- „ ceſſaire. Voyons d'abord quels ſont „ nos ennemis; nous verrons enſuite „ par quels moyens nous pourrons en „ triompher.

„ Le Prince *Lucanus*, eſt ſans contre- „ dit le plus puiſſant Monarque du „ monde; cependant, il veut bien vous „ céder la prééminence, & tenir à hon- „ neur, de devoir à vôtre courage les „ conquêtes qu'il médite de faire.

„ Le prémier, & le plus opiniâtre de „ nos ennemis, c'eſt le Prince *Turnée*, „ qui abuſant de la ſituation de ſon état, „ qui eſt ſur les hauteurs de celui-ci, & „ coupé d'une infinité de canaux, nous „ innonde en pleine paix, & par le „ ſeul plaiſir de nous faire du mal. „ Son extravagance eſt telle, que, „ quoiqu'il ſoit toûjours vaincu, il

„ eſt toûjours le prémier à attaquer; „ comme depuis peu, le Prince mon „ Maître a fait avec lui une trêve, „ qu'il a promis d'obſerver religieu- „ ſement, il faut attendre, qu'il ait „ donné de nouveaux ſujets de rup- „ ture, pour lui faire ſentir l'effort „ de nos armes, & nous n'attendrons „ pas long-tems.

„ D'autres ennemis, plus cruëls & „ plus dangereux, ce ſont les *Brular-* „ *nes*: Seigneur, vous avez été parmi „ ce Peuple, vous ſçavez juſqu'où và „ leur ferocité, non contens de nous „ attaquer à force ouverte, ils cabalent „ parmi les *Lucaniens*, ils abuſent de „ la jeuneſſe & de l'ignorance des *Che-* „ *dabars*. Ce qu'il y a de pis, (jugez „ combien grande eſt la corruption du „ cœur humain,) on a trouvé des *Ugo-* „ *bers* en commerce avec des *Brular-* „ *nes*, il faut couper le mal à la racine; „ de leur deſtruction dépend nôtre ſû- „ reté, nôtre honneur, nôtre ſalut; en „ les exterminant, vous vangez vos „ injures & les nôtres; qui peut nous

„ arrêter ? le fer & la flamme sont prêts, „ l'ennemi est à nos portes, il ne de- „ vroit déjà plus subsister, que dans la „ memoire de ses destructeurs.

„ Le troisiéme ennemi, contre lequel „ nous avons besoin de toute nôtre va- „ leur, & de toute nôtre experience, „ c'est *Monilne*, Reine des *Sirlapis*, qui „ se sont soustraits à nôtre obéissance „ pour vivre sous la sienne. Je frémis „ de rage, quand je songe aux meaux „ qu'elle nous a causés, à ceux qu'elle „ nous fait, & à ceux qu'elle nous „ prépare; vous ne voyez point d'E- „ trangers parmi nous, elle nous les a „ tous enlevés. Sa Cour, est le centre „ des richesses & du commerce de „ toute la Terre. Graces aux Dieux „ immortels! ses artifices n'ont séduit „ aucun *Ugober*, mais il ne nous reste „ au dehors que quelques amis cachés, „ qui n'osent paroître sous nos éten- „ dars. La crainte & la honte les „ retiennent, hâtons-nous, d'abbatre „ son odieuse domination. Soyons-en „ les destructeurs, ou nous en serons

„ les Victimes; l'entreprise est difficile, „ je ne le nie pas, ses trouppes sont „ nombreuses & aguerries, ses Chefs „ intrépides & célébres par mille con„ quêtes, mais le courage & la pa„ tience triomphent de tous les obsta„ cles. Hâtons-nous. Invincible quand „ elle attaque, pour la vaincre il faut „ la surprendre. Voyons maintenant par quelle voye nous y réussirons.

Nous avons vingt mille *Ugobers* que j'ai l'honneur de commander, le fameux *Galibernite* est à la tête de quinze mille *Chedabars*. Comme nos voisins, ont refusé d'entrer dans la Ligue, le Sérénissime Prince *Lucanus* mon maître a fait alliance avec *Roulée*, Reine des *Tergres* & des *Prénitres*, la plus implacable ennemie de *Monilne*, &, si j'ose le dire, plus acharnée à sa perte que nous-mêmes. Née dans un Monde différent du nôtre, elle a quitté ses interêts & passé les Mers pour venir seconder nôtre fureur; outre les Sujets naturels, ses Trouppes qui portent par tout le fer, la flamme & l'épouvante, ſont compoſées de *Palunois* & de *Chrenacs*, & de *Chuſcpiades*. A ces noms je vois pâlir *Monilne*. Ce n'eſt pas le tout, nous avons envoyé *Cadhubée* dans ſes Etats, y jetter par ſes pratiques ſecrettes le trouble & la diviſion; déjà les *Piromons*, qui ſont nos Huſſards, marchent ſous la conduite de leur Général *Aleſopariel*, pour s'emparer des forêts qui environnent ſon Royaume. Ces Peuples ſe font ſuivre par leurs femmes, & par leurs enfans, on ne les chaſſe preſque jamais des lieux dont ils ſe ſont une fois rendus maîtres; on ne peut les détruire qu'en tuant leur Chef, qui, pour éviter ce malheur, và toûjours ſimplement habillé & confondu parmi ſes Soldats, qui ne craignent non plus que lui, quoique ce ſoit ſous le Ciel, ſi-non un certain poiſon, dont le nom eſt terrible, ils l'appellent *Vonengt-Sirg*, c'eſt le ſeul qui leur ſoit mortel.

Vous voyez Seigneur par le détail de nos forces, & par la ſageſſe des meſures que nous avons priſes, que

la

la Victoire ne peut nous échaper sous un Chef de vôtre réputation.

Mon Maître vous remêt son sort & ses armes entre les mains: il sera vôtre prémier Soldat, menez-nous à l'ennemi, nous séconderons par nôtre obéïssance & nôtre courage les grands exemples que vous nous donnerez.

Péguirele se tût, il s'éleva dans l'Assemblée un murmure confus d'applaudissement; le désir de la gloire, celui de la vangeance se faisoit lire dans les yeux de tous les Assistans. Le Roi lui-même parût touché, il laissa entrevoir qu'il acceptoit le commandement, qu'on lui offroit d'une maniére si flateuse, cependant, il ne donna point de parole positive, & vouloit auparavant consulter son Favori.

Le Conseil finit, *Apprius* court chercher *Danbre*. On lui dit qu'il étoit allé à la Chasse aux *Graces*, Gibier extraordinaire, dont on trouve quelquefois plus qu'on ne veut quand on ne s'en soucie pas, mais qu'on a de la peine à rencontrer quand on le cherche.

En attendant qu'il fut de retour, le Roi se fit donner un Cheval pour aller à la promenade; insensiblement il s'écarta de sa suite: un orage le surprit, quelques arbres s'offrirent, il fut s'y mettre à couvert. Il n'y avoit pas été un quart-d'heure, que le Ciel s'étant éclairci, il apperçût à quelques pas de lui une Grotte d'une structure singuliére, qui excita sa curiosité, il s'en approcha, l'entrée qui lui paroissoit toute en feu, l'arrêta, mais il connût bien-tôt qu'elle étoit faite de branches de corail; quelques Gardes vétus de blanc étoient rangés en haye dans l'avant-cour, ils ne laissoient entr'eux que des intervalles si imperceptibles, qu'il entreprit inutilement de passer au-delà. Cet obstacle le fâchant, il leur parla. Au lieu de lui répondre, ils s'ouvrirent pour faire passage à une jeune personne, d'un air si vif & si brillant qu'*Apprius* en fut ébloui, sa surprise fut si grande, qu'à peine entendit-il les prémiéres paroles qu'elle lui adressa. „ Qui que vous „ soiez, lui dit-elle, qui sans doute

„ venez me consulter sur vôtre destinée, que puis-je pour vous? Je „ vous servirai si vous êtes Amant; car „ je ne puis rien pour les Maris, ou „ du moins je ne veux rien faire pour „ eux. Madame, lui répondit-il, je „ suis le Roi des *Siders*, c'est le hazard „ qui m'a conduit ici, n'ayant pas le „ bonheur de vous connoître, je ne „ viens point vous demander de grace. „ Quoi, Seigneur, interrompit-elle; „ vous êtes le Roi *Apprius*? ce Roi si „ célébre par toute la Terre, qui, loin „ de vos Etats, vivez parmi un Peuple „ étranger, dont la malice artificieuse, „ veut vous engager à prendre les armes, contre une Reine aimable que „ vous ne connoissez pas, que vous „ aimerez, & que vous épouserez un „ jour. Voulez-vous détruire un „ Royaume qui doit vous appartenir? „ Quittez une entreprise si funeste, si „ indigne de vous. Vôtre interêt s'y „ oppose, la gloire la condamne, les „ Dieux vous le défendent: Mais continua-t'elle, pour faire cesser la sur-

„ priſe, où je remarque que vous jette „ mon diſcours, apprenez, qui eſt celle „ qui vous parle, & en même tems „ quelles ſont ſur vous les vûës éter- „ nelles & immuables des deſtinées.

Je ſuis fille de *Preſtil* & de *Vecti-valia*, on m'appelle *Lugane*, élevée dès mon enfance avec des ſoins infinis, par un Pére à qui la Déeſſe *Tudée* avoit révélé tous les ſecrets de la nature; conduite par une mére, dont tous les talens étoient merveilleux; je devins en peu de temps un prodige; je ſçavois tout, je parlois de tout avec certitude. Mes défauts obſcurcirent bien-tôt ces belles qualités. J'étois née légére, indiſcrette, inconſtante; le naturel l'emporta ſur la réfléxion. Les connoiſſances ſolides, les choſes ſérieuſes mennuyérent, je m'en dégoutai, je les abandonnai, le badinage & la coquetterie devinrent mes paſſions dominantes, un goût de bagatelle & d'inutilité fit tout le fond de ma vie. Ce fût moi qui la prémiére m'aviſai d'apprendre aux amans l'art d'exprimer leur paſſion. J'inventai les termes ſéduiſans qui flattent, qui éblouïſſent, qui perſuadent preſque toûjours. J'aidai le cœur & les yeux de deux jeunes objets enflammés l'un pour l'autre, à confondre leurs ſoûpirs, à ſe communiquer leurs tranſports, à entretenir & augmenter leurs feux; les gentilleſſes de l'amour, la vivacité des plaiſirs, le rafinement des délices furent mon ouvrage. Les *Imars*, Nation inſipide & dégoutante, vinrent me demander des leçons. Je les rebutai, ils ſe vangérent de mes mépris d'une maniére cruelle; mais qui dans la ſuite m'eſt devenuë ſalutaire. Ils eurent recours à la barbare *Cornidetis*, ma plus implacable ennemie. J'étois libre alors, ne me défiant de rien, je n'étois en garde ſur rien. Mon inconſidération me fut pernicieuſe. La maudite *Cornidetis* me ſurprit pendant que je dormois. Elle m'attacha avec des liens imperceptibles, mais indiſſolubles, dans la grotte embraſée où vous me voiez. Je conſerve dans ma priſon l'amour que j'ai eû pour la liberté. Je fais pour en sortir, des efforts qui se bornent à la vaine faveur de pouvoir prendre l'air, encore faut-il, que mes gardes me le permettent. Je puis à la vérité transporter ma grotte d'un lieu à un autre, mais je n'en suis pas moins captive, à force de me dire, que je devois me soûmettre à ma destinée, je me le suis persuadé, ne pouvant travailler pour moi-même, je m'occupe à être utile à ceux qui ont besoin de mon secours.

Lugane, s'étant arrêtée un moment, reprit ainsi la parole. „ Je reviens maintenant à vous, Seigneur, l'amour de „ la gloire vous avoit fait entreprendre la conquête de l'Isle de *Taliélaré*. Ce dessein étoit grand, mais „ parce que vous avez pris de mauvaises mesures, il ne vous a pas réussi. „ La tempête a dispersé vos vaisseaux, „ vous avez fait naufrage, & par un „ enchainement de disgraces, vous „ avez été séduit par les caresses de la „ Reine *Mina*; réduit dans un état af-

„ freux par la férocité des *Brularnes* ; „ & ſans moi, le Prince *Lucanus* alloit „ vous embarquer dans une guerre fu- „ neſte, qui auroit mis le comble à „ vôtre imprudence. Pardonnez à ma „ ſincérité. Le véritable zêle ménage „ peu les expreſſions. Je veux vous „ ſervir & non vous flatter. Repre- „ nez donc vôtre prémier projet, mais „ n'eſperez pas parvenir à l'Iſle de *Ta- „ liélaré* ſans la Reine *Monilne*. Se- „ parez-vous de ſes ennemis, allez à „ ſa Cour, meritez ſes bonnes graces ; „ vous aurez des obſtacles & des en- „ nemis à ſurmonter, ne vous décou- „ ragez point, vous en ſerez victo- „ rieux ; je ne puis vous en dire d'a- „ vantage, vôtre prudence & vôtre „ valeur, doivent ſuppléer à ce qui ne „ m'eſt pas permis de vous révéler. „ Adieu, Seigneur, une force ſupérieu- „ re m'ordonne de vous quitter.

Apprius étonné de ce qu'il venoit d'entendre, reſta immobile, revenu à lui-même, il cherche *Lugane*, il veut lui parler, elle avoit diſparu. Il ſe laiſſe aller à une ſi profonde rêverie ; qu'à peine entend-il la voix de ſes gens qui l'ont retrouvé. Il retourne chez lui plein de trouble, impatient d'apprendre à ſon Favori les prodiges qui viennent de lui arriver. *Danbre* l'attendoit dans ſa chambre. Que je vous parle, lui dit-il, dès qu'il l'apperçût, que je vous parle ; tout le monde ſe retire. On les laiſſe ſeuls.

Quelque impreſſion qu'euſſent fait ſur ſon eſprit les diſcours de *Lugane*, il voulut avant que d'en parler à ſon Favori, ſçavoir ce qu'il penſoit des projets de *Lucanus*, réſolu, s'il les approuvoit, de ſuivre aveuglément ſon avis. Quand on a reconnu un ami fidéle & d'un génie ſupérieur au nôtre, il ſied même aux Princes, d'avoir pour leurs conſeils une inviolable condeſcendance.

Apprius fait donc à *Danbre* un récit exact de ce qui s'eſt paſſé dans le Conſeil, lui rendant mot à mot la harangue de *Péguirele*.

Danbre qui a toûjours en vûë la conquette de l'Isle de *Taliélaré*, lui avouë naturellement que l'expedition qu'on lui propose, n'est pas de son goût. Il appuie son sentiment de tant de raisons, que le Roi s'y rend. Alors il lui conte dans toutes les circonstances, ce qui vient de se passer entre *Lugane* & lui. *Danbre* transporté de joye embrassa *Apprius*. On fait entrer *Gatimonnilia*, on la met de tiers dans le secret. On la consulte sur les moyens de parvenir au Royaume de *Monilne*. Elle promet d'y rêver & d'en rendre compte le lendemain. Cependant, *Lucanus* s'allarme de l'irrésolution *d'Apprius*. Il s'étoit flatté, qu'il accepteroit d'abord les offres avantageuses que *Péguirele* lui avoit fait de sa part. Le moindre obstacle est une offense, pour les Princes accoûtumés à l'esprit de domination, ils veulent que rien ne s'y oppose, ils veulent même l'étendre sur leurs égaux.

Lucanus, se détermine d'aller trouver le Roi, & de mettre tout en usage pour le faire décider. Pendant qu'il s'occupe de cette idée, on vient lui dire qu'*Apprius* & toute sa suite sont sortis de ses Etats. Cette nouvelle le met en fureur, il ordonne qu'on courre après lui, que sans égard pour le droit des gens, on lui fasse violence, qu'on le tuë même: on lui obéït, il étoit trop tard, le Roi étoit en sûreté. *Gatimonnilia*, vive & pénétrante s'étoit doutée, que si *Lucanus* avoit le moindre soupçon qu'*Apprius* voûlut le quitter, il prendroit un parti extrême pour l'empêcher. Elle crût sagement, qu'il falloit le prévenir par une prompte fuite. Tandis qu'elle prépare tout pour leur départ, deux inconnus se présentent à elle, lui disent qu'ils sont envoyez par *Lugane*, pour offrir leurs services au Roy, elle les regarde, les examine, & les reconnoit, c'étoit *Reflecle* & *Neglicalide*, aussi-tôt elle les mêne à *Apprius*, qui, sous leur conduite, s'échape & se dérobe aux poursuites de *Lucanus*.

D'abord, il voulut prendre le chemin des Etats de *Monilne*, mais faisant réfléxion, que si le Prince *Lucanus* venoit l'attaquer, elle ne seroit peut-être pas en état de lui résister, il crût, qu'il falloit lui mener un secours considérable, & capable de la délivrer d'un ennemi si terrible. Ainsi nos passions s'élévent & se détruisent. Cette Reine, qu'hier *Apprius* vouloit détruire, devient aujourd'hui l'objet de sa tendresse & de ses inquiétudes. Les prédictions de *Lugane*, le portrait flatteur que lui en fait *Gatimonnilia*, firent naître pour elle dans son cœur la plus vive passion. Il marche à grands pas vers son Royaume, pour s'y mettre en état de voir celui de *Monilne*; mais, comment y arriver? la Mer s'oppose à son impatience. Il n'a point de Vaisseaux, *Harzadel*, le Démon des bons & des mauvais événemens, le tira d'embarras. Un gros Navire, (c'étoit un des siens) cinglant à pleines voiles, s'offre à ses yeux. Il fait des signaux, ils sont entendus, le Bâtiment aborde à la rade, il s'embarque, la navigation fut heureuse, l'Amour étoit du voyage. *Apprius* arrive, ses Sujets sont charmés de le revoir, ils font éclater leurs transports.

Cependant, le Royaume étoit agité, les *Siders* ne peuvent rester en repos. La présence du Roi dissipa la sédition. Il leva des Troupes, ordonna à son Armée de le suivre, & sans s'arrêter, il prit les devants avec vingt-mille Soldats tous gens d'élite.

Pendant qu'*Apprius* fait son voyage, tâchons de donner une idée simple, mais claire, de *Monilne* & de son Royaume; mais prenons auparavant un peu de relâche, & remettons à la troisiéme Partie de cette Histoire, les choses merveilleuses qui nous restent à dire.

TROISIEME PARTIE.

Onilne, étoit fille du Roy *Témerys*, & de la Reine *Palmenocacis*, qui, morts jeunes lui laiſſérent de bonne heure le gouvernement de leurs Etats, ſous la conduite d'une ſage Prêtreſſe nommée *Tèlaverne*.

Comme l'attrait & le charme de la beauté, conſiſtent, dans un certain aſſemblage d'atomes ſympathiques, dont quelques-uns, s'échapant en colomnes imperceptibles, vont frapper le cœur, on ne trouvera point ici de ces Portraits Romaneſques, ennuieux dans leurs détails, ridicules dans leur tout. Nous imiterons les Anciens, qui, plus ſages que les Modernes, (ſoit dit ſans leur déplaire) parloient pour le cœur plutôt que pour l'eſprit, &

nous dirons ſimplement, que *Monilne* étoit belle parce qu'elle plaiſoit.

Son Royaume, eſt auſſi ſingulier par ſa ſituation, que par les Mœurs & la ſingularité de ſes Habitans. La Carte du Pays eſt difficile à dreſſer, parce que les degrez de longitude & de latitude y varient preſque toûjours. Les Terres qui s'étendent en pente douce, de droit & de gauche, depuis les Contrées appellées *Néris* juſqu'à celles qu'on nomme *Tiroles*, ſont arroſées par le Fleuve VINER, qui ſe précipite avec impétuoſité du Mont OMTALTE. Le reſte du Pays n'eſt pas fort connu, parce que les Voyageurs, ſe ſont plus, occupés des délices du lieu, qu'à en faire d'exactes deſcriptions.

Les Peuples y ſont connus, ſous le nom général de *Ciſtonnes*: les plus conſidérables s'appellent *Sirlapis* & *Poſſanis*. C'eſt parmi eux, qu'on choiſit les Gouverneurs de Provinces. On en compte ſept: des *Pruſois*, des *Oſnis*, des *Peſnédes*, des *Lactroniades*, des *Caconoſis*, des *Urauſes*, &

des *Célides*. Ces Peuples ſont fort turbulens, preſque toûjours en guerre les uns avec les autres; cependant, par un effet inconcevable du bonheur de *Monilne*, leur diviſion ne ſert qu'à l'affermiſſement de ſa puiſſance.

Ses Sujets ne la ſervent qu'à genoux, ne la voient qu'à travers un voile, ne lui parlent que par des emblêmes. Il ne leur eſt permis de le faire, qu'aprés avoir pris des leçons de la Maîtreſſe du langage, qui s'appelle *Edomiſte*. La Métaphore eſt ſi familiere dans cette Cour, qu'on n'eſt jamais mieux entendu, que lorſqu'on ſemble parler pour ne le pas être, une loüange donnée ſans figure ſeroit groſſiére, une grace demandée ſans detours, ſeroit ſûrement refuſée. La langue eſt ſimple, mais vive; les expreſſions harmonieuſes, le ſtile concis, les Etrangers, par le moyen de certains Interprêtes nommés *Xeny* & *Tattennoſi* entendent tout ce qu'on leur dit, & font entendre tout ce qu'ils diſent, de quelque Nation qu'ils ſoient.

Venons aux qualités de *Monilne*.

Rien ne naît ou ne reste parfait, le bien & le mal quoi qu'ennemis se réünissent dans le même objet, pour le rendre tout à coup digne d'admiration ou de censure: cependant, on peut assûrer, que ce qu'il y a en cette Princesse d'excellent, elle se le doit à elle seule, ce furent ses Confidens, ses Favoris, en un mot tout ce qui l'environne, qui lui causérent ces altérations, qu'on remarque quelquefois dans son humeur & dans son tempérament; la bonté de son naturel, la défendit même longtems, de la seduction des conseils suborneurs & empoisonnés. Etre toûjours attaquée, résister toûjours, l'humanité ne và pas jusques-là; *Monilne* fit des fautes légéres, il est vrai, mais elle fit des fautes. Son mérite nous demande des loüanges, nous lui en payons le tribut avec plaisir. L'Histoire nous demande de la sincérité, nous ferons nôtre devoir en lui obéïssant.

La pluralité des Dieux n'étoit pas établie de son temps; on n'avoit point encore poussé la fureur superstitieuse jusq'uà jusqu'à défier le plaisir & la douleur. Alors la crainte & l'espérance étoient des passions, rien de plus. Adorer ce qui est réellement un mal; ou ce qui ne peut pas être un bien, à qui cela est-il arrivé? à des êtres orgueilleux qui s'imaginent tout sçavoir, qui se croyent d'une nature infiniment superieure à tout ce qu'ils connoissent, tranchons le mot, à des hommes. La réflexion nous emporteroit trop loin. Passons. *Monilne* adoroit *Nullea*, Déesse bizarre à la verité, mais dont la puissance visible éxigeoit un culte religieux. Elle se contentoit presque toûjours d'un hommage d'admiration, mais dans de certaines conjonctures elle vouloit des sacrifices sanglants. Elle choisissoit elle-même ses Victimes, & ne fertilisoit que les terres arrosées du sang qu'elle avoit fait couler.

A l'exemple des Souverains Orientaux, *Monilne* faisoit observer à la Cour un Cérémonial assez épineux. Nous n'en rapporterons point l'étiquette, parce que changeant tous les matins, on écrit l'ordre du jour, dont ceux qui viennent au Palais doivent s'instruire avant que d'y entrer.

Ce Palais est de figure ovale, revêtu de marbre blanc par dehors, les ameublemens sont de satin couleur de feu, ses jardins sont en Amphithéatre, les hauteurs sont plantées de petits arbres, dont les branches entrelassées, forment des berceaux impénétrables aux rayons du soleil & à la rigueur du froid le plus excessif.

Les ornemens de la Reine sont simples; elle porte un grand voile nommé *Hecmesi*, elle en met un second & un troisiéme, qu'on appelle *Tolloctin* & *Rapine*. Ces trois voiles, sont recouverts par une grande piéce d'etoffe d'or ou d'argent, ou de taffetas, suivant la saison: dans les jours de cérémonie, & lorsqu'elle và au Temple de *Nullea*, elle se couvre d'un bandeau appellé *Teversite*, ou selon d'autres *Morivoch*.

Le nombre de ses Favoris est fort grand. La prémiére personne qui eût part à ses bonnes graces, fut *Perlopetra*,

Fa-

Favorite désintereſſée, qui ne demandoit rien pour elle-même, & ne s'occupoit qu'à contribuer au luſtre de ſa Maîtreſſe. Sa faveur fut longue mais languiſſante ; ſa ſimplicité n'avoit rien de piquant. *Monilne* l'aima toûjours par habitude, dans le tems même qu'elle ouvroit ſon cœur à de nouveaux engagemens. *Solidapanitis*, jeune étourdi, la tête pleine de jeux & d'amuſemens, s'empara de l'eſprit de la Reine. Son imagination vive & fertile inventoit tous les jours de ces plaiſirs ſuperficiels, qui n'ont rien de flateur que la varieté, qu'on quite ſans regret, qu'on reprend ſans goût, qu'on oublie enfin d'un moment à l'autre.

Althone, s'introduiſit auſſi dans le cœur de *Monilne*, on ne ſçait comment, il ſemble en effet que ce ne fut point par ſes bonnes qualités. Timide, elle veut à peine ſe montrer ; quand on lui parloit, elle baiſſoit les yeux ; quand on la regardoit, ſes jouës ſe couvroient d'une rougeur ſtupide plutôt que modeſte, cependant, la Reine avoit pris pour elle tant de goût qu'elle l'imitoit en toutes choſes ; on fit pendant quelques années d'inutiles efforts pour la guérir d'un attachement ſi bizarre, les conſeils & les remontrances ne ſervirent à rien : Tout ce qu'on faiſoit pour détruire *Althone*, augmentoit ſon crédit.

Ce que n'avoit pû toute la Cour, *Prelarva* en vint à bout. L'envie de plaire eſt née avec nous ; mais quelque vif que ſoit ce ſentiment, il ne ſe développe pas tout d'un coup. Caché dans nôtre cœur, il faut qu'on l'aide à ſe débarraſſer des obſtacles qui le retiennent.

Prelarva, ſçavoit qu'il y a mille moyens de ſe rendre aimable, ſans s'attacher aux choſes qui dépendent de l'intérieur, elle s'occupa de celles que le goût peut ajoûter à la nature : elle inventa les ajuſtemens ; elle apprit à *Monilne* l'art de s'en ſervir. Avant elle on ne connoiſſoit point le mérite d'une coëffure plus ou moins élevée, d'un cheveu plus ou moins avancé, d'une mouche placée d'une certaine façon.

C'eſt par elle, que ſouvent les habits les plus ſimples effacent les étoffes les plus riches; que quelques fleurs, quelques rubans arrangés avec intelligence, terniſſent l'éclat des pierres les plus précieuſes. D'où vient que la vûë de cette perſonne nous fait plaiſir? d'où vient que la vûë de celle-là, peut-être plus belle que l'autre, ne nous en fait point? n'en cherchons la raiſon que dans le charme du je ne ſçai quoi. Ce charme eſt l'ouvrage de *Prelarva*.

Quoiqu'elle eut lieu de croire que ſa faveur ſeroit de tous les tems, elle eut l'habileté, pour la rendre plus durable, de s'aſſocier *Celtiquetorea*. La Reine ſe livra toute entiére à cette nouvelle venuë. *Prelarva* loin d'être jalouſe de la bonne fortune de ſon amie, y contribuoit de bonne grace. *Celtiquetorea* avoit une Compagne qu'elle aimoit tendrement, elle l'admit dans les entretiens ſecrets qu'elle avoit avec *Monilne*. *Luſicoteria*, c'étoit ſon nom, forma d'abord le deſſein de ſupplanter toutes ſes rivales.

L'Ambition & l'ingratitude ſont ſœurs; pour y réüſſir elle ſe conduiſit avec la Reine différemment de celles qui l'avoient précedée; elle s'apperçût qu'elle ignoroit mille choſes, & qu'elle n'en avoit que des idées confuſes; elle lui inſpira le déſir de les apprendre, & s'offrit à l'en inſtruire. *Monilne* l'écoute, l'interroge, la pénétration de l'Ecoliére và au devant des lumiéres de la maîtreſſe, elle ſçait tout, le mal comme le bien, peut s'en fallut que cette ſcience ne lui dévint funeſte. Nous nous en tenons difficilement à une ſpéculation ſtérile, nous voulons éprouver le vrai, ou le faux des choſes, le chemin eſt court entre l'imagination & la pratique. On ſe laſſe bien-tôt de ne juger que ſur la relation d'autrui. On eſt bien aiſe d'en croire ſa propre expérience. La tentation étoit délicate. Sans *Althone* la Reine y ſuccomboit. Retenuë par ſes ſcrupules, elle s'arrêta au bord du précipice, & comme les choſes les plus mauvaiſes deviennent utiles par l'uſage qu'on en fait, il fut dans la ſuite avantageux à *Monilne* de connoître le bien & le mal, pour aimer l'un & pour éviter l'autre. Toute réflexion faite, l'ignorance eſt, ce qu'il y a de plus mauvais.

Tout à coup la Reine ſe dégoûta de toutes ſes Favorites pour une jeune fille nommée *Nectinnolsca*. Cette volage enjoüée, s'amuſoit de tout. Incapable d'attachement, elle paſſoit d'un objet à un autre ſans s'y arrêter. Elle aimoit & ceſſoit d'aimer, elle ne connoiſſoit de plaiſir que celui d'en changer, cette paſſion étoit ſi vive en elle, que pour la ſatisfaire, elle aimoit mieux manquer une occaſion d'être heureuſe, que de n'en pas chercher une nouvelle, qu'elle abandonnoit dès qu'elle l'avoit trouvée. Elle quitta la Reine, elle revint à elle, & la requitta encore. Cette humeur turbulente paſſa de la Favorite à la Maîtreſſe, quand on aime tant d'objets à la fois, on n'en aime aucun, la trop grande agitation dégénére en tiédeur ou inſipidité, on ſe cherche dans la foule des choſes dont on eſt environné, on ne ſe trouve plus; le plaiſir trop partagé s'évapore & devient à rien; *Monilne* étonnée de ſon état veut revenir à elle-même; ſon cœur ſe refuſe à ſes efforts.

Il y avoit à la Cour un homme appellé *Ulnyne*, qui paſſoit pour ſage, on ne le voyoit mêlé dans aucune intrigue, dans aucune fête, dans aucune partie de plaiſir, ne demandant rien pour les autres, ni pour lui-même. Il vivoit dans l'indépendance, on attribuoit à ſa Philoſophie ce qui n'étoit qu'un effet de ſon tempérament. *Monilne* le crût propre à lui rendre le calme qu'elle avoit perdu; elle s'adreſſa à lui: jamais l'hyver couronné de glaçons, n'a fait tant de ravage dans la nature, que le froid poiſon de ſes conſeils en fit dans la Cour de la Reine; elle changea de conduite, de mœurs, de ſentimens, c'eſt une ſuſpenſion, c'eſt un engourdiſſement de toutes les facultés de ſon ame, c'eſt une l'éthargie dont rien ne la peut retirer. La compagnie, la ſolitude, lui ſont également inſupportables ; le travail l'affadit, le repos la fatigue, les plaisirs l'importunent : elle se fâche quand on lui parle, elle sçait mauvais gré quand on ne lui parle pas : elle séche, elle ne vit plus, elle meurt d'une mort lente & insensible.

Telle étoit la situation de *Monilne* quand *Frigalia*, *Galler* & *Litocris* arrivérent dans son Royaume.

Frigalia, Princesse des *Bratides*, étoit une précieuse insipide ; ni blonde ni brune, ni bien ni mal faite ; elle avoit de la beauté, mais elle n'étoit point piquante ; elle avoit de l'esprit, mais de cette sorte d'esprit qui ne plait point ; elle affectoit un air d'indifférence & de timidité, dont personne n'étoit la dupe ; un fond de mépris pour les autres, d'amour propre pour elle même, dont on s'apperçevoit sans peine, pour peu qu'on l'étudiât, déparoit toutes ses actions.

Les *Bratides*, sont une Nation visionnaire, indéfinissable, incompréhensible, aimant le plaisir à l'excès, elle le cherche où il n'est pas : elle se fait des choſes une idée ſi fauſſe ; qu'elle prend toûjours l'ombre pour le corps : elle parle de ſentiment, de délices, de tranſports, mais tout cela n'eſt qu'un jargon où l'on ne comprend rien ; elle ſe pique de délicateſſe, mais ce n'eſt qu'un rafinement ridicule, ſuperficiel, chimérique, ſoit antipathie naturelle ou crainte d'être trompée, elle n'a jamais de commerce avec ſes voiſins ; elle ſe ſuffit, ou du moins elle s'imagine ſe ſuffire à elle-même ; amoureuſe de l'impoſſible, elle ſe paſſionne pour des objets fantaſtiques. Sa folie vâ juſqu'à vouloir donner l'exiſtence au rien : elle reſſemble aux Danaïdes, elle reſſemble à Tantale.

Galler, étoit Couſin de *Frigalia* : *Litocris* étoit favori de *Galler*. Ce Prince des *Gimidoches* étoit un blond, trop beau pour un homme, ſi pourtant on peut appeller beauté cette délicateſſe efféminée qu'on blâmeroit dans la coquette la plus maniérée. Ses mœurs & ſon eſprit répondoient à ſa figure, c'étoit le vrai original de ces colifichets dont nous voyons tant de copies. Il courroit même des bruits équivoques sur son compte qu'on n'a jamais bien approfondis. On disoit assez communément de lui qu'il n'étoit ni ce qu'il paroissoit, ni ce qu'il ne paroissoit pas, qu'étant peut-être tous les deux, il n'étoit ni l'un ni l'autre.

Les *Gimidoches*, sont un Peuple grossier, stupide, masse, lourde & informe, ils n'agissent que par un mouvement emprunté, machines pour ainsi dire inanimées, sans sçavoir, sans industrie, on ne les employe qu'à des Ouvrages serviles.

Le hazard supplée au mérite, *Frigalia* plût à *Monilne*. Faut-il s'en étonner ? Elle étoit dans cet état d'anéantissement, où le cœur se livre au prémier objet qui veut s'en emparer. Comme on passe rapidement d'une extrémité à l'autre, elle l'aima d'abord avec une violence qui alloit à l'abandon, & le tems qui détruit tout, fortifia tellement au contraire cette passion, que les intrigues, les jalousies, les remontrances, tout fut inutile contre une faveur si marquée.

Il y avoit trois ans que *Frigalia*, Maîtresse de l'esprit & du cœur de *Monilne*, faisoit douter qui des deux étoit la Reine. Pendant ce tems-là on avoit parlé de plusieurs Mariages. La favorite en avoit éludé toutes les propositions. Elle vouloit gouverner seule, ou quand elle ne pourroit plus se soûtenir, faire tomber le choix sur le Prince *Galler* dont elle étoit assurée.

Un jour que *Frigalia*, retenuë chez elle par quelque légére indisposition, n'étoit point au Palais, *Monilne* rêvoit profondement sur un lit de gazon. Un Magicien nommé *Mommelis* l'aborda : Madame, lui dit-il, je ne viens point combattre vôtre penchant pour *Frigalia*, il faut respecter le goût des Rois, mais dussai-je vous déplaire, mon zéle m'ordonne de vous représenter que vôtre gloire & le bien de vos Sujets, à qui vous devez plus qu'à vous-même, vous demandent un époux ; je veux que les Princes qui jusqu'ici se sont mis sur les rangs, n'étoient pas dignes de cet honneur, je ne blâme pas vos refus ; mais celui que je viens vous proposer ne vous laisse aucun prétexte, c'est le Roi *Apprius* : En vain resisterez vous aux Dieux ; ils vous l'ont destiné. Voyez, continua-t-il, en lui montrant son portrait, si cet air justifie leur choix. *Monilne* jetta sur cette peinture un de ses regards momentanés, que le prémier mouvement dérobe à la réflexion ; ce ne fut qu'un clein d'œil, mais il eût son effet, *Mommelis* s'apperçût de son trouble, il en soûrit. Madame, poursuivit-il le charme de sa personne, fera sur vous une bien plus vive impression : bien-tôt vous l'éprouverez. Il dit, & disparut. Frappée de ces paroles, la Reine court chez *Frigalia*, pour lui faire part de son avanture. L'artificieuse Favorite dissimula sa frayeur en l'écoutant, maîtresse d'elle-même en apparence, elle lui dit d'un ton de voix tranquile, qu'elle la supplioit d'être persuadée que ce qu'elle alloit lui dire, partoit, ſi elle doit s'exprimer ainſi, d'un mouvement épuré de tendreſſe pour elle, où ſon propre interêt n'avoit point de part; elle s'arrêta un moment, comme pour attendre que *Monilne* lui ordonnât de continuër. Parlez, lui dit-elle, je vous en prie. Madame, reprit *Frigalia*, on vous ttompe, *Mommelis* eſt un impoſteur. Cet *Apprius* n'eſt qu'une chimére qui n'éxiſte que dans l'imagination de ce faux Prophête; je veux qu'il y ait dans le monde un Roi de ce nom: Pourquoi faut-il que vous lui ſacrifiez vôtre liberté, vos plaiſirs, vôtre repos; C'eſt l'ordre des Dieux, me direz-vous: Eh! Madame, attendez que les Dieux vous parlent plus clairement; mes ſujets, ajouterez-vous, me demandent un Roi; devez vous, pour eux, vous donner un Maître; ſongez que ſoûmiſe à d'éternelles contradictions, vous allez devenir eſclave: qu'un mari, quel qu'il ſoit, eſt un tiran; le caprice le guide; l'air imperieux régne dans ſes diſcours, ſa volonté eſt la régle de ſes actions, ſon amour eſt mépriſant, ſon inconſtance dédaigneuſe, il ne ſe ſert point de ſes droits, mais il fait ſentir avec hauteur qu'il peut s'en ſervir, il ne prie point, il arrache. Je tire le rideau ſur le détail humiliant de mille autres circonſtances douloureuſes, que je prie les Dieux immortels d'éloigner de vous. Ma Reine, vous laſſez-vous d'être heureuſe. Alors ne pouvant plus ſe contraindre, elle ſe jette toute en larmes aux pieds de *Monilne*, elle les ſerre avec tranſport, elle ſoûpire, elle ſanglotte. Quoi? s'écria-t-elle vous allez ceſſer de m'aimer, un autre và poſſeder ce cœur qui faiſoit tous mes délices? ces plaiſirs ſi doux vont s'évanouïr, ils faiſoient mon bonheur, ils vont faire mon déſeſpoir; du moins cruelle que vous êtes, ne m'immolez pas à un inconnu; ſi vous m'abandonnez, abandonnez moi pour le Prince *Galler*, il vous adore, ſon bonheur, ſi quelque choſe peut adoucir ma diſgrace, me conſolera de la perte du mien: Je vous réponds de ſa tendresse, vos charmes doivent vous répondre de sa constance. A ces mots elle s'arrête, ses sanglots redoublent, sa gorge s'enfle, ses yeux s'obscurcissent, elle pâlit, elle perd le sentiment *Monilne* emportée par sa rêverie, reste immobile, elle s'apperçoit à peine de l'état de *Frigalia*, elle en est touchée si foiblement, qu'elle s'étonne de sa dureté. Quand les yeux voyent ce qu'ils n'avoient jamais vû, le cœur ne sent plus ce qu'il sentoit; & sent tout ce qu'il ne sentoit pas, le trait avoit pénétré, l'impression étoit faite, elle sort & donne ordre froidement qu'on aille secourir sa Favorite, qui déjà ne l'étoit plus.

Cependant on apprit que le Prince *Lucanus* avoit levé des Troupes qu'il destinoit contre *Monilne*, & comme la renommée grossit ou déguise toutes choses, on ajouta qu'*Apprius*, à la tête d'une Armée formidable, venoit fondre sur ses Etats; son dépit fut égal à sa crainte; *Frigalia* profita de cette conjoncture pour la regagner.

Voilà

Voilà donc, lui dit-elle, ce Prince que les Dieux vous destinoient, qui vient à main armée, porter le fer & la flamme dans vôtre Royaume, & peut-être pousser la fureur jusqu'a vous ôter la vie. Que j'envisage de malheurs! mais la plainte est inutile, quand le danger presse il faut agir, il faut courrir aux remédes. Reposez-vous sur mon zéle, & sur la valeur du Prince *Galler*, nos Sujets, nos biens, nos vies, nous employerons tout pour vous défendre. La Reine interditte ne répondoit rien, elle avoit à combattre contre un ennemi que l'amour, quoiqu'outragé, défendoit encore dans son cœur: quand l'esperance a fait de certains progrès, elle devient un bien réel, on ne s'en sépare qu'avec violence; *Monilne*, sentoit moins la perte prochaine de sa Couronne, que l'horreur de la perdre par une main qui lui étoit chére; que fera-t-elle, que ne fera-t-elle pas? De tous côtés, elle ne voit qu'un enchainement funeste de disgraces, dont la moindre l'accable, elle ne se détermine à rien, elle n'a pas même la force de le vouloir. Elle étoit dans cette agitation, lorſqu'on lui vint dire qu'un Courier demandoit à lui parler; elle le fit entrer; „ Madame, lui dit-il, ſans „ ménagement; tout eſt perdu; *Apprius* „ à débarqué dans vos Etats avec deux „ mille hommes. Cette nouvelle acheva de triompher de ſa conſtance; elle ſuccomba. Revenuë à elle-même, ſa foibleſſe lui fit honte. Le ſoin de ſa conſervation & de celle de ſes Sujets, la retira de la léthargie où l'avoit plongée l'excès de ſa douleur, elle donne ordre qu'on léve des Trouppes, elle en nomme les Généraux, & fait tout ce que la prudence peut lui ſuggérer pour diſſiper, ou du moins, pour éloigner le danger qui la menace; mais réfléchiſſant avec ſageſſe, qu'on obtient ſouvent plus par la négociation, que par la guerre la plus heureuſe, elle crût, pour n'avoir rien à ſe reprocher, qu'elle devoit députer vers *Apprius*, ponr ſçavoir le motif de ſa venuë, & pour traiter avec lui aux conditions que lui-même voudroit imposer. Elle chargea de cet Emploi *Carnalite* & *Prescanele*, qui firent une si prodigieuse diligence, qu'elles trouvérent encore *Apprius* dans son Camp. Introduites en sa présence, elles exposérent en tremblant leur commission, sans oser lever les yeux sur lui; croyant parler à un barbare, à un monstre, dont un seul regard seroit capable de les faire mourir.

Le Roi, eut pitié de leur trouble. Rassurez-vous, leur dit-il, d'un air gracieux, vôtre maîtresse & vous, n'avez rien à craindre; déjà les Ambassadrices sont moins effrayées; elles portent sur lui leurs regards, le charme de sa vûë fait son effet; elles sont gagnées. Allez, poursuivit-il, avec cette bonté qui lui donne tant d'empire sur les cœurs; allez dire à la Reine *Monilne*, que son inquiétude fait injure à *Apprius*, qu'il ne vient point attaquer ses Etats, mais les défendre contre ses ennemis; j'ai déjà envoyé *Gatimonnilia* l'assurer de mes intentions. J'irai l'en assurer moi-même incessamment; là-dessus, il les comble de caresses, leur fait de riches presens & les renvoye. *Gatimonnilia*, plus prompte qu'un éclair, s'étoit renduë à la Cour de *Monilne*, son éloquence persuasive avoit triomphé des craintes de *Frigalia*, des artifices de *Galler* & des scrupules d'*Edomiste*.

Presonnele, revint seule; *Carnalite* s'étoit perduë en chemin, elle acheva ce que *Gatimonnilia* avoit si bien commencé, la Reine consent qu'*Apprius* vienne à sa Cour, alors elle voit repaître ses idées flatteuses, dont elle s'étoit séparée avec tant de peine, sa joye trop resserrée dans son cœur, éclate dans ses yeux; elle ne s'occupe que d'*Apprius*, elle ne parle que de lui. Il arrive. Nous avoüons ingenuëment, que toutes les ressources de nôtre esprit, ne vont pas à donner un recit fidéle de ce qui se passa dans cette entrevuë, *Gatimonnilia* elle-même, dont nous suivons les memoires, est si broüillée, si confuse en cet endroit, qu'on n'y trouve que quelques termes jettés au hazard, d'admiration, de plaifirs, de transports, & de ravissemens. Nous laissons aux Lecteurs à s'en faire une idée plus ou moins précise, suivant le plus ou le moins d'étenduë de leur sensibilité, & de leur pénétration.

Frigalia ne pût soûtenir la présence d'*Apprius*, elle se sauve chez les *Bratides*, elle veut les engager à servir la fureur qui l'anime; cette Nation n'est point belliqueuse, l'ombre même du danger l'épouvante, elle refuse de prendre les armes, l'Infortunée *Frigalia*, n'a plus de ressource que dans le déses-poir, elle s'y abandonne; peu touchés de ses larmes impuissantes, les Dieux n'écoutent ni ses cris, ni ses priéres, le teint livide, les yeux enfoncés, le corps décharné, spectre plus horrible que la mort même, elle erre au gré d'une rage renaissante, qui la dévore sans la consumer, elle meurt à tout moment & ne peut mourir.

Galler, abandonné par *Frigalia*, veut se retirer; *Linocris*, plus courageux ou moins timide que son Maître s'y oppose: il lui montre que les choses ne sont pas encore déſeſperées, que le tems remédie aux plus grands maux, que celui qui reſiſte à la mauvaiſe fortune eſt preſque ſûr d'en triompher. Seigneur, ajoûte-t-il, cet ennemi que vous voulez fuïr, n'eſt peut-être pas ſi terrible, il a ſans doute des défauts qui le mettront en priſe, ſi vous ne pouvez le détruire à force ouverte, vous en viendrez à bout par une voye moins honorable, mais plus ſûre. L'impreſſion qu'il a fait ſur *Monilne* ne fait que commencer, ne lui donnez pas le temps de devenir plus forte, le ſéxe eſt timide & ſoupçonneux, jettez dans ſon cœur des craintes, des défiances indiſcrettes, parez-vous d'une générosité apparente, cachez vos intérêts ſous un voile artificieux, loüez *Apprius* d'un air ingenu, mêlez dans l'éloge que vous en ferez, de ces légéres reſtrictions qui ſemblent échapper ſans deſſein, mais qui portent coup, la loüange maligne, finement appretée, nuit plus aux affaires d'un ennemi, que la médiſance qui marche à viſage découvert. La Cour eſt un Pays de ſoûterrains, il faut y ruser. La faveur la plus brillante est la plus prête à s'écrouler. Semblable à ces Places de Guerre, dont les Fortifications extérieures paroissent inaccessibles, mais dont une mine a sappé les fondemens, elle tombe au moment qu'on la croyoit la mieux affermie.

Les conseils de *Litocris* eurent leur effet, *Galler* resta à la Cour de *Monilne*, déjà l'on commence à répandre des discours captieux qui parviennent jusqu'à la Reine, elle s'inquiéte, elle s'allarme. *Apprius* en est averti, il démêle sans peine d'où partent les coups qu'on veut lui porter, il n'oppose aux lâches artifices de son ennemi, qu'une indignation méprisante; il se montre, *Galler* ne peut soûtenir ses regards, il quitte la partie, la fausse valeur de *Litocris* s'évanoüit; ils sont en fuite.

Aux conseils qu'inspirent la crainte, succéde la honte de les avoir suivis, le désespoir ne donne point de courage à ceux dont il s'est emparé, mais il leur montre des réssources imaginaires qu'ils embrassent aveuglément. *Galler* & son Favori, lévent une armée de *Gimidoches*, ils s'avancent sur les terres de *Monilne*, ils se flattent de pouvoir surprendre *Apprius*. A cette nouvelle plus furieux qu'un Tigre, il ramasse à la hâte quelques-uns de ses amis, fond sur eux avec l'impétuosité d'un Aigle qui s'élance sur sa proïe, au prémier choc *Litocris* disparoit, *Galler* foulé aux pieds, couvert de son sang & de blessures, mord la poussiére en expirant; les *Gimidoches* veulent faire résistance, ils sont mis en piéces.

Cette guerre terminée, le Roi en eût une autre à soûtenir, plus pénible, mais plus glorieuse, contre *Lucanus*. Il est sûr que si le Prince *Lucanus* ne se fût point amusé contre les *Brularnes*, il eût pû faire de grands maux à *Monilne*; mais il commit une faute assez ordinaire aux Conquérans qui veulent ne rien laisser derriére eux; il perdit devant une bicoque un tems qui auroit servi à conquérir une Province. Les *Brularnes*, craignant d'être forcés, lui avoient demandé plusieurs fois la paix; ils lui avoient représenté, ce qui étoit vrai, qu'en les exterminant, il n'affoiblissoit point *Momilne*, qu'au contraire il diminueroit par leur destruction le nombre de ses ennemis. Ils lui avoient même offert de joindre leurs Trouppes aux siennes. *Lucanus*, ne voulût rien entendre, le succès de son opiniâtreté ne fut pas heureux, la saison s'avança, les pluies innondérent ses tranchées, la mortalité se mit dans son Camp, il médite de lever le Siége, les *Brularnes* s'apperçoivent de son embarras, ils en profitent, ils l'attaquent en géns qui combattent pour leurs foyers, l'ardeur de conserver, est plus vive que celle d'acquérir; les *Luçaniens*, ne peuvent soûtenir l'effort d'un ennemi qu'ils méprisoient. Ils sont poussez de tous côtez, ce n'est plus un combat, c'est une déroute: les Trouppes auxiliaires furent les plus maltraitées, tout autant de *Chrenacs* & de *Palunois*, qui tombérent sous la main des Vainqueurs, ils les livrérent ſans miſéricorde à *Oſirar* & à *Volitir*, éxécuteurs de leur vengeance, le prémier ſurnommé l'impitoyable, le ſecond l'infernal, qui les firent périr par le fer & par le feu. Après cette diſgrace, *Lucanus* fut trop heureux d'accepter la Paix, qu'il avoit refuſé d'accorder: il rétablit ſon armée, & ſe flattant de mieux réüſſir contre *Monilne*, il ſe met en marche: *Roulée* excitoit ſa fureur & ſes eſpérances : tirons le rideau ſur les malheurs qu'enfante la Guerre : Campagnes dévaſtées, Villes abandonnées au pillage : Hommes, Femmes, Enfans de tout âge, de tout état, pêle-mêle, égorgés aux pieds des Autels de leurs Dieux domeſtiques; combats opiniâtres; ſuccès incertains, funeſtes aux deux Partis; victoires diſputées ou acquiſes par des torrens de ſang, champ de Bataille jonché de morts, Soldats avides de carnage, immolant de ſang froid des malheureux, que la peur avoit épargnés, tout ce que l'Art militaire a de ſtratagême, tout ce que la valeur d'un côté, tout ce que la rage de l'autre peut inventer : voilà l'affreux tableau que l'imagination peut ſe préſenter ſans le ſecours des yeux.

Une derniére action décida cette grande querelle ; *Lucanus* fut défait, & n'échapa qu'à peine des mains du Vainqueur. *Roulée* fut faite priſonniére & miſe aux fers : on la relégua dans l'horrible caverne du *Dolber*, parmi l'infâme Nation des *Panutis* & des *Tribleins*. Là, ſa rage eſt bornée & ne peut s'étendre que ſur de lâches eſclaves, qui, victimes éternelles de ſa férocité, n'oppoſent aux outrages qu'ils reçoivent qu'une ſtupide inſenſibilité.

Des images plus riantes nous appellent : *Apprius* revient à la Cour de *Monilne*, il eſt reçû comme ſon Libérateur, tout retentit de ſes loüanges, ſon nom eſt porté juſqu'aux Cieux, les monumens les plus pompeux, les plus flatteurs, s'élévent à sa gloire & consacrent à la postérité le souvenir immortel de ses éclatantes actions.

FIN.

Clef des Anagrammes de ce Livre.

Alesopariel. . . .	La Saloperie.
Althone.	La Honte.
Apprius.	Priapus, ou Priape.
Bratides.	
Brularnes.	Branleurs.
Caconosis.	Occasions.
Cadhubée.	Débauche.
Carwalite.	La Crainte.
Célides.	Délices.
Célpidutia.	La Cupidité.
Celtiquetorea. . . .	La Coquetterie.
Celulois.	Couilles.
Chedabars.	Bardaches.
Chrenacs.	Chancres.
Chusepiades. . . .	Chaudepisse.
Cistonnes.	Connistes.
Cornidétis.	Discrétion.
Danbre.	Bander.
Dolber.	Bordel.
Dotigs.	Doigts.
Edomiste.	Modestie.
Frigalia.	
Galibernite. . . .	Libertinage.

Galler

Galler. . . . . . .
Gatimonnilia. . . . L'Imagination.
Ghorrome. . . . . Gomorrhe.
Gimidoches. . . . . Godemichis.
Gimnons. . . . . . Mignons.
Gnotis. . . . . . . Gitons, ou Barda-
Godinese. . . . . . Diogenes. [ches.
Graces. . . . . . . Garces.
Harzadel. . . . . . Le Hazard.
Hecmesi. . . . . . . Chemise.
Hermodhoriës . . Hemorrhoïdes.
Imars. . . . . Maris.
Lactroniades. . . . Déclarations.
Litocris. . . . . . . Clitoris.
Livaguver. . . . . La Vigueur.
Lucanus. . . . . . . Cul, Anus.
Lucanie. . . . . . . Culanie.
Lucaniens. . . . . Culaniens.
Lugane. . . . . . . Langue.
Lusicotéria. . . . . La Curiosité.
Manegides. . . . . Ganimedes.
Mina. . . . . Main.
Modose. . . . . . . Sodome.
Mommelis. . . . . Sommeil.
Monilne. . . . . . . Le Monin.
Morivoch. . . . . Mouchoir.

Necti-

Nectinnolsca. . . .	L'Inconstance.
Neglicalide. . . .	La Diligence.
Neris.	Reins.
Nullea.	La Lune.
Omtalte.	La Motte.
Ostrar.	Rasoir.
Osnis.	Soins.
Palmenocacis. . . .	Complaisance.
Palunois.	Poulains.
Panutis.	Putains.
Péguirèle.	Le Préjugé.
Perlopetra. . . .	La Propreté.
Pesnédes.	Dépenses.
Piromons.	Morpions.
Plecuanissa. . . .	La Puissance.
Possanis.	Passions.
Prelarva.	La Parure.
Prenitres.	Repentirs.
Préscanele. . . .	L'Espérance.
Prestil.	L'Esprit.
Prusois.	Soupirs.
Pultovéla. . . .	La Volupté.
Rapine.	Panier.
Réfers.	Fréres.
Restecle.	Le Secret.
Roulée.	Vérole.

Siders.

Siders. . . . . Désirs.
Sirlapis. . . . . Plaisirs.
Solidapanitis. . . . . La Dissipation.
Suna. . . . . Anus.
Taliélaré. . . . . . . La Réalité.
Tattennosi. . . . . . Attentions.
Tëlaverne. . . . . . . La Retenuë.
Témerys. . . . . Mystére.
Tergres. . . . . Regrets.
Teversite. . . . . . . Serviette.
Thalactemne. . . . . La Manchette.
Tiroles. . . . . Orteils.
Tolloctin. . . . . . . Cottillon.
Tribleins. . . . . . . Libertins.
Tudée. . . . . Etude.
Turnee. . . . . Ventre.
Valmor. . . . . L'Amour.
Vectivalia. . . . . . La Vivacité.
Vergobrie. . . . . . . Bougrerie.
Ugobers. . . . . Bougres.
Viner. . . . . Urine.
Ulnyne. . . . . L'Ennuy.
Volitir. . . . . Vitriol.
Vonengt-Sirg. . . . Onguent-gris.
Vraufes. . . . . Faveurs.
Xevy. . . . . Yeux.

F I N.

www.ingramcontent.com/pod-product-compliance
Ingram Content Group UK Ltd.
Pitfield, Milton Keynes, MK11 3LW, UK
UKHW022045170726
13837UKWH00002B/791